AF358352

MATHIEU BELAIZE,

CI - DEVANT

MEMBRE DU COMITÉ RÉVOLUTIONNAIRE

DE RENNES,

A SES CONCITOYENS.

L'ENVIE et la calomnie se sont armées contre moi et s'efforcent de me couvrir d'opprobres, de me vouer à l'exécration publique ; mais je ne les redoute pas : fort de ma conscience, je combattrai & je terrasserai ces deux monstres, qui n'attaquent que la vertu, qui n'oppriment que l'innocence ; je n'opposerai à leurs vociférations que le langage de la vérité, que l'histoire de ma vie, si elle n'est pas brillante, elle est au moins sans tache :

Je suis né de parens obscurs et pauvres ; mais ils étoient pleins de probité, et ils ont joui de l'estime publique, qui est le bien le plus précieux, qui est la plus douce récompense de bien faire ; ils me firent apprendre le métier de Chapellier, je le quittai pour prendre celui des armes qui avoit beaucoup d'attraits pour moi ; je m'engageai dans le régiment de Forêt ; je passai ensuite dans celui de Royal-Marine, actuellement soixantième ; j'ai servi treize ans dans ces deux Corps avec honneur ; j'en appelle à mes frères d'armes, il en existe dans cette Cité qui y sont en garnison ; que mes anciens camarades me dénoncent au Tribunal de l'opinion publique, s'ils ont le plus léger reproche à me faire.

Ennuyé de la vie errante de Soldat, je songeai à former un établissement et à m'engager sous les lois de l'hymen ; je repris mon métier de Chapellier & je me mariai ; depuis quatorze ans j'habite cette Ville ; qu'ai-je fait qui soit digne de blâme ? J'ai travaillé sans cesse à me procurer l'aisance d'une vie honnête ; est - il un Négociant, un Marchand, un Artiste, un de mes voisins qui puisse dire que je suis un débiteur infidèle, un mauvais mari, un mauvais père, un mauvais voisin ? Ah ! j'aime à croire que ceux qui me connoissent feront l'éloge de mes sentimens et de mes procédés ; j'invoque leur témoignage sur mon caractère moral ; qu'ils disent hautement ce qu'ils en pensent.

Un homme qui a toujours été bon mari, bon père, artiste laborieux, pouvoit-il être un mauvais Citoyen ? J'embrassai avec enthousiasme le parti de la Révolution dès son aurore ; le despotisme de nos ci-devant Nobles m'avoit toujours révolté ; le rôle qu'ils distribuèrent, au mois janvier 1788, (vieux style) à leurs valets, à leurs porteurs, me souleva le cœur d'indignation ; ils les avoient armés contre le ci-devant Tiers-État, contre les Jeunes-Gens de Rennes ; ne m'a-t'on pas vu prendre la défense de ces braves Jeunes-Gens qu'on vouloit massacrer ? J'ai combattu avec eux sur la Place de l'Égalité. Que faisoient alors mes ennemis ? Ils étoient peut-être d'intelligence avec les ci-devant Privilégiés, qui auroient pu bien facilement empêcher l'attroupement de leurs valets, s'ils n'en avoient pas été les complices ou plutôt les auteurs. Quel est le sort de tous ces conjurés ? Ils sont devenus les victimes de leur stupide orgueil ; ils se sont bannis de leur Patrie pour armer contr'elle les Puissances étrangères, et ils ont fait le malheur de tous ceux de leur caste qui n'avoient pas leur férocité, qui n'ont pas voulu les suivre dans leurs repaires de Coblentz.

Langeron, Commandant en second de notre ci-devant Bretagne, se ligua avec le défunt Parlement pour tenifier la ville de Rennes, pour détruire les germes de la Révolution, qui s'y développoient ; il fallut aller lui arracher les canons qu'il avoit fait charger à mitraille, pour massacrer le Peuple ; on ne peut me disputer la gloire d'être l'un des braves Citoyens qui furent à travers les bayonnettes enlever ces canons et les traîner au collége, où le Peuple les garda pour sa défense.

On annonça qu'il y avoit un rassemblement d'hommes armés à Lallier ; j'y fus avec Bouvard, Ulliac et plusieurs autres Citoyens pour le dissiper. Au retour de cette expédition, les élégans Commissaires furent faire, aux dépens de la ville, un soupé splendide à la Baraque ; on n'y invita pas quelques grenadiers et quelques dragons qui avoient partagé nos fatiques, je leur donnai à souper, à mes frais, chez le Citoyen Rouxel.

J'ai reçu la récompense la plus flatteuse de tous les dangers auxquels j'ai été exposé, de toutes les dépenses que j'ai faites pour l'établissement de la liberté. Les assemblées qui se tenoient, en 1790, au Collége, m'ont honoré de leur confiance dans différentes occasions. Le peuple m'y a chargé de plusieurs missions importantes ; il connoissoit mon ardent amour pour la Liberté. En 1790, il me nomma Fédéré ; on refusa de recevoir dans les rangs, aux Champ de la Fédération, plusieurs Renais, qui nous avoient suivi volontairement pour être témoins de cette Fête; vous n'avez sans doute pas oublié, chers Concitoyens, que j'eus le courage de blâmer publiquement l'espèce d'outrage qu'on leur faisoit, et de forcer à la réparer, en les invitant à se placer avec les Fédérés. Vous m'avez nommé Électeur; j'ai voté pour des hommes dignes de vous représenter; ils ont toujours été fermes à leur poste. Vous m'avez placé dans le Conseil-Général de votre Commune; j'y ai combattu l'intrigue et la perfidie, qui essayoit de corrompre l'esprit public, qui affichoit un souverain mépris pour la Convention, qui vouloit renverser et briser la statue de la Liberté.

On ne peut me reprocher de m'être laissé séduire par l'ambition des places; Carrier me proposa celle de maire de Rennes, je le refusai, parce que je ne me croyois pas les talens propres pour bien remplir cet emploi important; il me nomma Garde-Magasin de Saint-Georges, la veille de son funeste départ pour Nantes; je remis la commission qu'il me fit passer, à Pocholle, en lui disant que le citoyen dont on me donnoit la place, en étoit digne à tous égards; ce Représentant m'embrassa, et me promit de la lui laisser; mais je n'ai pas refusé d'aller combattre les rebelles de la Vendée; j'ai volé au secours de nos frères de Nantes, et ceux qui y ont combattu avec moi, peuvent rendre un témoignage honorable de ma conduite.

J'acceptai malgré moi une place au Comité Révolutionnaire; dois-je regretter d'y avoir joué un rôle? Je m'y suis constamment montré le défenseur des Citoyens que je croyois égarés et opprimés, et on m'accuse d'être un homme de sang : quelle atroce calomnie! Je porte le défi de citer un seul fait qui puisse en être le prétexte ; j'ai dit un jour, il est vrai, à la Trinité, qu'il y auroit des détenus guillotinés ; on venoit de faire au Comité, un rapport qui annonçoit qu'on devoit faire dans cette maison de réclusion, une émeute, pour procurer l'invasion à plusieurs individus ; que le traître Puisaye étoit en correspondance avec quelques-uns des détenus. Je crus devoir faire de grandes menaces pour prévenir l'émeute, pour contenir les Aristocrates et les contre-Révolutionnaires. Moi, un homme de sang ! j'en appelle à mes Collègues ; n'ai-je pas voté contre la translation que Carrier demandoit des Fédéralistes de Rennes à Nantes ? J'allaiguai, pour ne pas obéir aux ordres de ce Représentant ; j'allaiguai, les dangers du voyage ; je disois, pour m'y opposer, que les Brigands de la Vendée infestoient le chemin de Nantes ; je disois, que ç'eût été le comble de l'horreur, d'exposer à une mort certaine de bons Citoyens, qui n'avoient été qu'égarés.

On m'accuse d'avoir fait une fortune immense et rapide, depuis que j'ai été chargé de différentes missions par les Représentans du Peuple. Quelle est donc ma fortune ? Quand j'ai entré au Comité Révolutionnaire, j'avois quatorze mille livres ; j'avois toujours tiré de Lyon les objets de mon commerce ; la rebellion de cette Ville en tarit la source, et je songeai à placer mes fonds dans un autre commerce. Quelques amis m'offrirent, pour l'établir, tous les secours dont je pourrois avoir besoin. Les Citoyens Sivry et Morin, sur-tout, me promirent de m'aider de toute leur opulence ; leur amitié m'en hardit. Le Citoyen Sivry, auquel des intrigans venoient d'enlever la place de Trésorier, me prêta six mille livres, et m'offrit tous les fonds qu'il avoit à sa disposition.

Voici une lettre qu'il m'a écrite à cet égard.

Lettre du citoyen Sivry au citoyen Belaize, Marchand Chapellier, rue Simoneau, à Rennes.

Trécesson, le 5 Thermidor de l'an second de la République Française, une et indivisible.

LIBERTÉ, FRATERNITÉ, ÉGALITE.

J'AI reçu ta lettre, mon cher ami, par laquelle tu m'annonce que toutes nos connoissances se portent bien, cela me fait grand plaisir, car dans ma profonde retraite je m'occupe très-souvent d'elles, et je te prie de leur donner toutes sortes de témoignages d'amitié de ma part.

Tu me fais encore un plus grand plaisir, en m'annonçant que tu vas aggrandir ton commerce; j'aime à voir un père de famille et un bon patriote prospérer, et tu peux être bien assuré que j'y contribuerai de tout mon pouvoir. Tu ne me dis pas pour qu'elle époque tu aurois besoin des six mille livres; si c'étoit sur-le-champ, je ne le pourrois pas, parce que j'ai dans ce moment-ci très-peu de fonds libres, mais sous quinze jours ou trois semaines, il doit m'être fait un remboursement de quatre mille livres, et je vais écrire à notre ami Gazele pour qui te le remette, et sous trois semaines ou deux mois, je pourrai te faire le restant; je souhaite de tout mon cœur que cet arrangement puisse te convenir, et te mettre dans le cas de faire de bonnes affaires, si tu m'en avois parlé plutôt, cela auroit été fait sur-le-champ, ainsi, s'il y a du retard, c'est absolument de ta faute.

Je te remercie de tes fleurs, tu sais que notre jardin en a grand besoin, mais j'espère que tu viendras jouir des ornes mens que tu lui procure; je te serai obligé aussi de nou- procurer des voitures, si cela est en ton pouvoir, car le citoyen Maupas, notre menuisier, ne peut venir travailler ici, parce qu'il ne peut faire emporter ses menuiseries.

Nous sommes entièrement occupés à la récolte, elle est des plus belles et des plus abondantes.

Je suis bien aise du choix que la compagnie a fait pour me remplacer, il ne pouvoit être meilleur; je te charge d'em- brasser mon successeur pour moi.

Le Comité de Salut Public a levé la suspension de notre ami Crozet, et il est attendu à Paris pour être replacé; il te fait uu million d'amitiés.

Je te prie de donner le baiser républicain à ton aimable citoyenne de ma part et de celle de ma femme, et de rece- voir aussi le notre. S I V R Y.

P. S. Toute la Société se lève en masse pour te dire un million d'amitiés.

L'amitié, vils calomniateurs, l'amitié dont vous ne connoissez pas les douceurs, est la source de l'agrandis- sement de mon commerce. Vous avez l'impudeur de dire que j'ai acheté pour 50 mille livres de bien. Je n'ai acquis depuis que j'existe qu'un jardin qui m'a coûté 650 livres, et c'est le Citoyen Pocquet qui a rapporté le con- trat de vente que m'en a consenti le Citoyen Guichet- teau. Je vous défie de montrer que j'ai acquis d'autre possession territoriale; mon père ne m'a laissé qu'une cabane qui vaut 50 livres de rente; il l'avoit reçue de ses ancêtres.

On a eu l'impudeur de publier que ma femme avoit, à son dernier voyage de Nantes, un porte - feuille de

40 mille livres, et qu'elle les avoit placées en acquisition de marchandises, tout mon avoir ne monte certainement pas à 40 mille livres. Ma femme n'a acheté à Nantes, que pour 16 mille livres de marchandises, pour mon compte, et pour celui de la Citoyenne Berthe, l'aînée; nous avons partagé par moitié ces marchandises; elle ne balancera pas, sans doute, à l'attester, et son témoignage ne peut paroître suspect.

Après m'avoir peint comme un nouveau Plutus, il falloit trouver la source de cette prétendue opulence, et rien n'étoit plus facile à des calomniateurs. Si on les en croit, j'ai pillé les Églises et les maisons des gens suspects que j'ai été chargé d'arrêter. Le Représentant Esnue-Lavallée, m'avoit donné la mission de parcourir différentes Communes, pour m'emparer de tous les effets destinés au culte de la Religion catholique; j'ai pris, d'après ses ordres, tous ces effets; j'ai rapporté des procès-verbaux de ma mission; j'ai remis au Représentant Esnue-Lavallée, tous les ornemens, tout l'argent, toute l'argenterie dont je me suis saisi. Il a approuvé toutes mes opérations; il sait que je lui ai rendu un compte bien fidèle; il sait que j'ai rempli ma mission avec tout le désintéressement possible. Je produirai la décharge qu'il m'a donnée, et elle forcera mes ennemis à se repentir d'avoir ajouté foi au langage de la calomnie.

J'ai rendu aussi un compte bien fidèle de tous les effets que j'ai saisi chez les gens suspects; je ne puis le mieux prouver que par les procès-verbaux que j'ai rapportés de l'enlèvement de ces effets, et les actes du dépôt que j'en ai fait au District de Rennes. Les gens suspects que j'ai arrêtés, ne peuvent me faire que des reproches injustes; j'ai suivi les ordres dont j'étois chargé, en me comportant révolutionnairement dans leurs maisons; j'ai concilié autant qu'il m'a été possible les Lois de l'honnêté et de l'humanité avec ces ordres rigoureux. Le Citoyen Fournier, que j'ai arrêté à son château, jette, dit-on, les hauts cris contre moi; j'ai eu pour lui les plus grands égards, et les Citoyens Soumier, Pinnelay, ci-devant docteur en droit, et Deshaies, négociant à Redon, qui m'ont accompagné à son château, peuvent l'attester; si j'ai menacé de le faire fusiller, je n'ai pas eu l'intention de le mettre à mort; je n'ai eu recours à cette menace que pour le déterminer à me découvrir le lieu où il avoit caché son argenterie. (c'étoit une ruse de guerre.) On a dit que je lui avois enlevé de l'argent monnoyé; les interrogatoires que je lui ai fait subir prouvent qu'il n'en avoit pas. Le Citoyen Fournier étoit père et frère d'émigrés, et le Comité Révolutionnaire, dont j'étois membre, ne pouvoit se dispenser de le faire arrêter. La conduite que j'ai tenu chez lui a été approuvée par mes Collègues et par le Représentant Dubois-Crancé; j'ai déposé son argenterie au District, et elle a été épurée au creuset national; elle étoit souillée d'armoiries qui insultoient au régime de l'Égalité.

On m'accuse d'avoir soustrait une cassette, où l'on suppose qu'étoit renfermé le trésor de l'Église de la Cité; cette cassette ne renfermoit que le Soleil de la Cité et son étuit. La Citoyenne Coiquanty, sœur du Chapelin de cette Église, étoit dépositaire de cette cassette et d'autres effets destinés au culte de la Religion; elle desiroit se voir déchargée de ce dépôt, et je m'en saisi d'après un inventaire qu'elle a visé et signé;

je lui en donnai un reçu. Je présentai tous ces effets au District, qui m'engagea à les garder jusqu'à ce que le calme seroit rétabli dans notre Ville. Les Brigands nous menaçoient alors, et toutes les Autorités constituées se disposoient à évacuer. Les Administrateurs du District doivent se rappeller l'invitation qu'ils me firent à cet égard; je leur ai remis le dépôt dont je m'étois chargé par amour pour la chose publique.

On m'impute un crime de lèze-humanité envers un détenu qui étoit dans les bras de la mort, à la Trinité; on prétend que j'ai refusé de lui faire donner les secours que son état exigeoit; je me rappelle en avoir fait le rapport au Comité; mais il ne voulut prendre aucun arrêté en faveur de cet infortuné, parce que plusieurs de ses membres étoient, absens et parce qu'il ne pouvoit délibérer qu'au nombre de sept. Si on connoissoit mon cœur, on ne lui feroit pas l'outrage de le croire insensible à la voix de l'humanité. Les parens, les amis de plusieurs détenus m'ont vu souvent touché de leur sort et mêler mes larmes avec les leurs; mais je ne dirigeois pas à mon gré le Comité; je ne pouvois toujours le déterminer à prendre les arrêtés justes et bienfaisans qu'on sollicitoit.

Ma conscience est mon juge naturel, et elle ne me reproche rien dont je puisse rougir. Le tableau fidèle, que je viens de tracer, de ma vie privée et politique, fera pâlir l'envie et la calomnie. Si j'examinois la conduite de mes ennemis, je pourrois la censurer avec raison. Le public les a déjà jugés; et l'estime dont il m'honore me venge des outrages dont ils m'ont accablé.

MATHIEU BELAIZE.

Rennes, 12 Frimaire, an 3 de la République, une et indivisible.

PIÈCES JUSTIFICATIVES.

N° 5. *Signé* GOURVÈS.

Rennes, le 14 Octobre 1793, l'an second de la République, une & indivisible; d'après la réquisition de la Citoyenne Julienne Coiquanty, demeurante à la nonnerie, place du pré-botté, elle m'a déclaré avoir chez elle, en dépôt, des ornemens dépendans de la Chapelle de la Cité de Rennes, comme son frère étoit Sacriste, et que la Citoyenne Coiquanty m'a déclaré avec confiance et sincérité qu'elle ne savoit pas à qui elle devoit faire sa déclaration, je m'en suis chargé et saisi comme membre du Comité Révolutionnaire;

1°. Un Ciboire avec son étuit;

2°. Un Soleil et son étuit;

3°. Un Calice et Patène;

4°. Deux Burettes et Cuvette;

5°. Deux Flambeaux d'argent;

6°. Une Croix de cuivre;

7°. Un Encensoir de cuivre;

8°. Un Porte-Encens de cuivre;

9°. Un Surplis;

10°. Une Aube brodée;

11°. Deux Crédences;

12°. Une Aube garnie de dentelle et deux cordons;

le tout appartenant aux confrères de la Société et Chapelle de la Cité, de tous lesdits effets je m'en suis saisi et pour d'après en faire mon rapport au Comité de Surveillance, et j'ai laissé le double à la Citoyenne Coiquanty pour lui servir de décharge; fait sous nos seings ledit jour et an, ce qui suit; Rennes, le 14 Octobre 1793, ainsi signé, Belaize, Membre du Comité; Julienne Coiquanty. La Citoyenne Coiquanty m'a dit que ladite Confrairie devoit à son frère et à le Breton, et Troussier-Panaget et autres pour l'Épine, ouvrages et fournitures.

Reçu au Secrétariat du District de Rennes, les effets ci-dessus référés. Rennes, le 14 Octobre 1793, (vieux style) l'an second de la République, une et indivisible.

Signé MARÉCHAL, Secrétaire.

Pour copie conforme à celle déposée au Comité Révolutionnaire de Rennes. Signé BALLAND, *Présid:* LEPETIT, *pour le Secrétaire.*

N°. 53.   Signé G O U R V È S.

Rennes, le 16 Octobre 1793, l'an second de la République, d'après la réquisition du Citoyen Jean le Loup, dit l'Épine, Brodeur à Rennes, Prévôt de la Société de la Cité de Rennes, il m'a remis cinq chasubles, dont un rouge, un blanc, un vert et blanc, un violet et vert, et un noir, avec bourse, voile, étole et manipule et palce; de plus quatre chandeliers argentés, de cuivre massif, et deux chandeliers de cuivre étamé, un drap mortuaire, avec un navitan brodé, et quatre têtes de mort en damas, noir et blanc, et quatre glands; le tout appartenant à ladite Société, dont lesdits effets j'en suis saisi, et pour d'après en faire mon rapport au Comité de Surveillance, et j'en laissai le double au Citoyen Jean le Loup, dit l'Épine, pour lui servir de décharge. Fait sous nos seings ledit jour et an, le 16 Octobre 1793, l'an deux de la République, une et indivisible. Ainsi signé Belaize, Membre du Comité, et le Loup dit l'Épine.

Reçu au Secrétariat du District de Rennes les effets ci-dessus référés.

A Rennes, le 16 Octobre 1793, (v. s.) l'an deux de la République, une et indivisible. MARÉCHAL, *Secrétaire.*

Pour copie conforme à celle déposée au Comité Révolutionnaire de Rennes. Signé BALLAND, *Prés.* LEPETIT, *pour le Sec.*

Le Représentant du Peuple, Esnue Lavallée, ci-devant en mission dans les Départemens de l'Ouest et du Centre, et spécialement dans les Départemens d'Ille-et-Vilaine et la Mayenne, reconnois que les Citoyens Belaize et Couasnon, ci-devant délégués par lui dans le District de la Guerche, lui ont remis les Procès-Verbaux par eux dressés au cours de leurs opérations, ensemble les sommes, tant en numéraire, qu'en assignats, et de deniers et liards qui y sont énoncés, comme aussi qu'ils ont remis à l'Arsenal les matières de fer, cuivre, cloches, plomb et étain par eux trouvés au cours de leurs opérations, desquels dits objets ils ont remis un reçu audit Citoyen Esnue Lavallée, dont décharge.

À Rennes, le 14 Fructidor, an deuxième de la République Française, une et indivisible.

Signé ESNUE LAVALLÉE, Représentant du Peuple.

25 Floréal. FOURNIER DE LA COMMUNE DE MAURE.

Du 25 Floréal, l'an deux de la République Française, une, indivisible et impérissable.

Nous Mathieu Belaize, Membre du Comité Révolutionnaire de Rennes, chargé de pouvoirs par Dubois-Crancé, Représentant du Peuple, près les Armées, séant à Rennes, entré dans la maison Dubois Oveyé, Commune de Maure, District de Rennes, accompagné de François-Marie Saulnier, Membre du Comité Révolutionnaire de Redon, et de Louis-Pierre Deshais, de la même Commune, et de trois Gendarmes, avons rencontré Guy-Marie Fournier, propriétaire de ladite maison :

Interrogé s'il n'a pas d'enfans émigrés ?

Répond qu'il en a un réputé émigré, âgé d'environ trente

ans, servant dans le Régiment ci-devant de la Reine dragon; l'autre Prêtre, non-fonctionnaire public, déporté avec permission de la Municipalité de Port-Malo.

Interrogé s'il n'a pas d'autres parens émigrés?

Répond qu'il a un beau-frère émigré ou réputé tel.

Interrogé si les scellés ont été mis sur la maison du Bois Oveyé, ainsi que sur celle de Rennes et le séquestre sur ses biens?

Répond qu'il a été mis au Bois Oveyé; mais qu'il ignore s'il a été mis, que le séquestre est mis sur la métairie du Bois Oveyé et terres adjointes; mais qu'il ignore s'il a été fait à Rennes.

Interpellé de nous présenter copie du séquestre?

À l'endroit nous a présenté ladite copie, en date du 11 Pluviôse, et finissant le 18 du même mois.

Remontré à l'interrogé qu'on ne voit pas dans la copie du séquestre ni argent, ni argenterie;

Interpellé de nous dire s'il en a, où il est, de quelque espèce que ce soit?

Répond qu'il n'a ni or, ni argent, quant à l'argenterie qu'elle est cachée.

Interpellé de nous dire où est caché son argenterie et nous conduire au lieu où elle est déposée?

Répond qu'il va nous y mener.

De suite nous nous sommes transportés dans un endroit du Bois indiqué par ledit Fournier, où nous avons trouvé une certaine quantité d'argenterie, présumant, avec raison, que ce n'étoit point la toute celle dudit Fournier, nous l'avons pressé de nous montrer ces autres caches; cédant à nos instances, il nous a conduit à un endroit où nous avons trouvé quelques couverts d'argent; persuadé plus que jamais que Fournier ne nous avoit pas fait des déclarations exactes , nous avons insisté avec véhémence, y ajoutant les menaces autorisées par la Loi , alors ledit Fournier nous à conduit dans un troisième endroit , où s'est encore trouvé une quantité d'argenterie.

Interpellé pour la dernière fois ledit Fournier de nous déclarer de bonne foi et en vérité où il a caché le surplus de son argenterie , or et argent monnoyé ?

Répondu savoir où il a d'autres argenteries , et n'avoir ni or , ni argent , ni monnoies.

Remontré à l'interrogé qu'il paroît par sa réponse qu'il a d'autre argenterie , et interpellé de nous dire s'il en a vraiement , et si seulement il ignore l'endroit où il l'a caché ?

Répond qu'il peut en avoir ; mais que son fils l'ayant cachée , il ignore où elle est : il ajoute que c'est son fils réputé émigré.

Remontré à l'interrogé qu'il est manifeste qu'il nous en impose ?

A l'endroit , l'interrogé à déclaré qu'il en avoit d'autres , et qu'il alloit la chercher avec un de nous , à quoi ayant consenti , le Citoyen Pierre Deshais l'a accompagné dans ses Bois , où ayant fait différentes recherches , on a trouvé un autre quantité d'argenterie , laquelle réunie aux précédentes , et le tout pesé , s'est trouvé monter à soixante-quinze livres , ci. . . . . 75 liv. 3 quarts.

Interrogé s'il n'a point fait passer d'argent à ses fils émigrés , et s'il n'a point eu de correspondance avec eux ou autres émigrés ?

Répond que non.

Vérification faite des papiers , nous avons trouvé deux brochures imprimées , intitulées : Testament de Louis XVI , et une bannie faite pour recouvrement des Droits Féodaux , en date du 13 Novembre 1789 , (vieux style) : ajoute *qu'il a remis à la Municipalité de Rennes tous ses Titres Féodaux.*

Tels sont ses interrogatoires, dont lecture lui faite, a déclaré ne vouloir changer, ni diminuer.

Fin a ajouté l'interrogé, que s'il a d'autres papiers ou Titres Féodaux, il ignore et consent de les remettre dès qu'il les trouvera, sommé de signer, à déclaré y consentir; signé sur l'original, Fournier; Belaize, Commissaire; M. Saulnier; Pierre Deshays; Hue, Brigadier, Pr. à la résidence de Lohéac, Massant.

Pour expédition conforme à l'original déposé au Secrétariat du Comité de Surveillance et Révolutionnaire de Rennes. Signé BALLAND*, Présid.* LEPETIT*, pour le Secrétaire.*

EXTRAIT de l'État des objets d'argenterie provenans des Églises, Communautés et maisons d'émigrés, déposé au District de Rennes.

PROVENANT DE FOURNIER.

Treize Plats ovales. . . . . 45 m. 7 onc.

Douze Plats ronds, deux Plats à soupe, deux Salières, un Porte-Huillier, un Bougeoir, une Soucoupe, une Boittotte, une Caffetière, un Porte-Mouchette. 59 marcs.

Dix Chandeliers, six Bobéches, douze Cuillères à ragouts, seize couverts, treize cuillères à caffé, deux cuillères à sel, une cuillère à sucre. . . . . . . 43 m. 6 onc.

Trouvés dans le Bois de Fournier, par deux Gendarmes.

Certifié conforme à l'état déposé au Directoire du District de Rennes. Le 16 Frimaire, an trois de la République, une et indivisible. LODIN, SOLIER, FRESNAIS*, Agent National.*

MATHIEU BELAIZE.

A RENNES, chez CHAUSSEBLANCHE, Imprimeur, ci-devant Hôtel Cataduc, près la Motte.